CONFÉRENCE BONCENNE

(Palais de Justice de Niort)

———

DU DOMAINE DE LA LOI

ET DE SES LIMITES

DISCOURS PRONONCÉ A LA SÉANCE DE RENTRÉE DE LA CONFÉRENCE
LE VENDREDI 3 NOVEMBRE 1876

PAR

E. MARTINEAU

Docteur en Droit, Avocat, Directeur de l'École de Notariat de Niort.

~⌒⌒~

NIORT
TYPOGRAPHIE DE L. FAVRE
1876

DU DOMAINE DE LA LOI

ET DE SES LIMITES

CONFÉRENCE BONCENNE

(Palais de Justice de Niort)

———

DU DOMAINE DE LA LOI

ET DE SES LIMITES

DISCOURS PRONONCÉ A LA SÉANCE DE RENTRÉE DE LA CONFÉRENCE
LE VENDREDI 3 NOVEMBRE 1876

PAR

E. MARTINEAU

Docteur en Droit, Avocat, Directeur de l'Ecole de Notariat de Niort.

———

NIORT
TYPOGRAPHIE DE L. FAVRE
1876

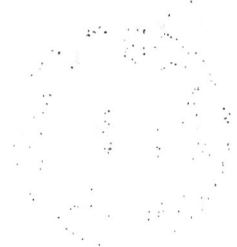

CONFÉRENCE BONCENNE

Discours de rentrée de la Conférence.

DU DOMAINE DE LA LOI ET DE SES LIMITES

Qu'est-ce que la Loi ? Que doit-elle être ? Quel est son domaine propre, et quelles limites doivent être assignées à l'action du législateur ? Telles sont les questions que je me propose d'examiner et de résoudre dans ce travail, et à l'examen desquelles je vous demande de vouloir bien prêter, pour quelques instants, votre bienveillante attention.

Questions graves, en effet, Messieurs, bien dignes entre toutes d'attirer vos réflexions et vos méditations sérieuses, importantes et par elles-mêmes et par les conséquences qui se rattachent à leur solution. Chargé de prononcer le Discours qu'une tradition constante de notre Conférence prescrit pour la réouverture de nos travaux annuels, j'ai choisi ce sujet comme se rattachant par un lien intime à nos études de l'an dernier. C'est, en effet, le complément et la généralisation de la théorie des rapports de la Propriété avec la Loi civile que j'ai eu l'honneur d'exposer devant vous ; c'est cette même thèse que je reprends aujourd'hui en la généralisant et en examinant à un point de vue plus étendu quel est le véritable domaine de la Loi, et dans quelles limites doit être circonscrite l'action du législateur. Mais, que dis-je, la question peut-elle être posée en ces termes, et une objection insurmontable ne se présente-t-elle pas immédiatement à vos esprits ? Ecrivain téméraire, allez-vous me dire, voudriez-vous attaquer le principe fondamental de la souveraineté de la Loi ? N'est-ce pas une formule adoptée par tous les jurisconsultes que celle de la souveraineté du législateur, et les publicistes ne sont-ils pas d'accord avec eux pour la proclamer et l'ériger en axiome de Droit constitutionnel ? Ebranler cette doctrine, d'ailleurs, n'est-ce pas atteindre et ébranler aussi nécessairement cet autre principe non moins important de la souveraineté du peuple, de la souveraineté du mandant, cette conquête de la société moderne sur les systèmes anciens à jamais relégués dans la nuit du passé ? Je sais ces choses, Messieurs, je sais la force de l'objection et ce qu'elle peut avoir de spécieux ; une réponse satisfaisante se dégagera, je l'espère, de l'ensemble de ce travail, que j'aborde immédiatement après ce court préambule.

Qu'est-ce donc que la Loi et quel doit-être son domaine ? Si, pour le savoir, nous interrogeons l'analyse rationnelle et philosophique, sa réponse se formule ainsi : La Loi, c'est la Justice organisée, armée de la Force, qui est mise au service du Droit pour empêcher l'Injustice, la violation des droits inhérents à l'humanité. L'homme, en effet, a des droits naturels ; qui pourrait en douter ? Etre intelligent et libre jeté par Dieu sur la terre pour y parcourir le cercle de la vie mortelle, sujet à des besoins qu'il doit satisfaire impérieusement sous peine de dépérissement et de mort, pourvu à cet effet de facultés dont l'application aux choses du monde matériel lui sert à réaliser le phénomène de l'appropriation, de l'assimilation, il est vrai de dire que trois éléments essentiels le constituent : Personnalité, Liberté, Propriété, ou, en d'autres termes : L'homme est un être libre, — sans liberté, comment parler de devoirs et de responsabilité — maître de lui-même, de ses facultés

et du produit de ses facultés. De ces trois choses, il est vrai
de dire qu'elles constituent pour chacun de nous autant
de droits naturels, antérieurs et supérieurs à la Loi positive,
à la Loi écrite ; et par cela même qu'ils sont inhérents à
notre nature, nécessaires à la conservation et au dévelop-
pement de notre vie, il s'ensuit que nous pouvons user de
la force pour les défendre contre les agressions et les
entreprises injustes de la violence : c'est le droit de légitime
défense. Mais les forces individuelles isolées et éparses ne
constituent pas une garantie suffisante ; dans cet état, le
faible est à la merci du plus fort ; de là l'idée survenue aux
hommes de se concerter, de réunir, de grouper en un fais-
ceau leurs forces individuelles pour constituer une force
commune destinée par sa puissance à protéger avec plus
d'énergie et d'efficacité les droits de tous et de chacun. C'est
l'origine du Gouvernement au sein des sociétés humaines, en
mettant à part les violences et les brutalités de la conquête,
et nous pouvons dire, en modifiant la formule paradoxale
de Rousseau, que c'est le Gouvernement qui résulte d'un
contrat, non la société ; le contrat social est une chimère,
la société étant l'état naturel de l'homme, le contrat gou-
vernemental, une vérité ; le Gouvernement. c'est l'organisation collective du droit individuel de légitime défense,
c'est ce droit de légitime défense transporté de l'individu
dans la société, c'est la Justice armée de la Force. Et, s'il
en est ainsi, si telle est l'origine de la force commune, de
la force publique, dont le dépôt est confié au Gouvernement, il s'ensuit, conséquence immédiate et nécessaire,
qu'elle ne saurait avoir d'autre mission que chacune des
forces individuelles dont elle est la collection et auxquelles
elle vient substituer son action ; et de même que nul ne
peut légitimement attenter par la force à la liberté et à la
propriété d'autrui, de même la force publique ne saurait

sans injustice attenter à la liberté et à la propriété d'un citoyen : autrement, quelle contradiction étrange avec nos prémisses ! D'ailleurs, n'oublions pas que la Force est chose inconsciente et brutale de sa nature, et comme telle, qu'elle ne peut avoir d'autre rôle que celui de serviteur de la Justice et du Droit, et elle ne change pas apparemment de nature en devenant, en tant que force publique, la sanction de la Loi positive, de la Loi écrite décrétée par le législateur. Oui, telle est la mission de la Loi ; la Loi, qui a pour sanction la Force, n'est et ne doit être que la Justice organisée. Et comment pourrait-il en être autrement ? Est-ce que Loi et Justice ne sont pas deux notions adéquates ? Est-ce qu'elles ne se confondent pas dans notre esprit ? Est-ce que la Justice n'est pas le Droit, et tous les droits ne sont-ils pas égaux ? La Loi doit donc être l'expression de la Justice, la consécration et la garantie de nos droits de liberté et de propriété ; la Loi étant la Force, son domaine ne saurait dépasser le domaine légitime de la Force. Or, à celle-ci, son domaine propre, c'est la Justice. Quand la Loi retient l'homme dans le sentier de la Justice, quand elle pose cette limite à son activité, elle ne lui impose qu'une négation pure, elle fixe la limite qui sépare son droit du droit égal d'autrui, elle n'est pas despotique, elle ne porte aucune atteinte à sa liberté, à sa propriété ; elle l'empêche simplement de nuire à la liberté et à la propriété d'autrui. Si bien qu'il n'est même pas rigoureusement exact de dire que le but de la Loi est de faire régner la Justice ; la formule vraie est celle-ci : Le but de la Loi est d'empêcher l'Injustice ; ce n'est pas la Justice, en effet, qui a une existence propre, c'est l'Injustice ; la première résulte de l'absence de l'autre. Or, remarquons-le bien, organiser la Justice par la Loi, cela implique que la Loi ne doit pas organiser une manifestation quelconque de l'activité humaine : travail,

charité, commerce, industrie, instruction, etc. Et pourquoi?
Parce que organiser le travail, la charité, le commerce,
c'est désorganiser la Justice, c'est attenter à la liberté ou à
la propriété des citoyens, c'est violer les droits que la mission sacrée de la Loi est précisément de protéger, de
garantir, faire œuvre d'oppression et de spoliation. Que la
Loi, par exemple, toujours accompagnée de la Force,
impose un mode de travail, une méthode d'instruction, une
œuvre prétendue de charité, est-ce qu'elle ne porte pas
ainsi atteinte à la Justice, à la Liberté ou à la Propriété?
Cette action négative, que nous signalions tout à l'heure
comme devant être le trait caractéristique de la Loi
appliquée à *empêcher l'injustice*, elle disparaît ici et s'efface
pour faire place à une action positive. La volonté despotique du législateur opprime l'initiative et la volonté individuelle des citoyens. Vous dites, par exemple : Voici
des hommes qui manquent d'instruction, que le législateur s'empresse de faire une loi, que l'État verse à flot
la lumière sur la Nation, la société doit gratis l'instruction
à tous ses membres. Quelle étrange illusion, et se peut-il
que des esprits sérieux s'y laissent si naïvement séduire
et tromper ! Quoi donc! est-ce que la Loi est un flambeau
répandant une clarté à lui propre ? Est-ce que, semblable
à ces génies mystérieux des contes de fées, l'État, cette
abstraction impersonnelle et insaisissable, est armé d'une
baguette magique capable de faire jaillir des flots d'instruction et de science pour les répandre ensuite sur la
Nation ? Il serait temps vraiment de nous débarrasser de
pareilles illusions, si décevantes et vaines, et qu'un instant
de réflexion suffit pour dissiper. Faut-il donc réfléchir
longtemps pour comprendre que l'État n'est pas un per-
sonnage ayant des lumières et des ressources à lui propres,
qu'il plane au-dessus d'une société où il y a des gens qui

savent et d'autres qui ne savent pas et ont besoin d'apprendre, et que partant de deux choses l'une, ou bien il n'interviendra pas par la Loi, il laissera librement se satisfaire cette nature de besoins, ou il imposera sa volonté, il décrétera des méthodes d'enseignement, il prendra aux uns par l'impôt de l'argent pour payer les maîtres chargés d'instruire gratuitement les autres ; mais, dans ce dernier cas, il ne pourra agir ainsi sans despotisme, sans porter atteinte à l'initiative individuelle et à la fortune des citoyens, sans attenter à leur liberté et à leur propriété, sans porter atteinte à la Justice. Je pourrais citer bien d'autres exemples, mais les limites de ce travail m'imposent le devoir d'être bref ; pourtant que de manifestations légales de spoliation j'aurais à vous signaler : droit au travail, droit à l'assistance, impôt progressif, gratuité du crédit, système protecteur, autant de formes diverses que revêt ce fécond génie de l'Injustice légale, perversion monstrueuse de la Loi accomplissant ainsi elle-même l'œuvre d'iniquité qu'elle a précisément pour mission de réprimer et de châtier.

Comment cette perversion de la Loi s'est accomplie et sous l'influence de quelles causes ? Deux causes bien différentes l'ont produite : l'égoïsme inintelligent, d'une part ; de l'autre, la fausse philanthropie. D'abord, l'égoïsme : L'homme ne peut vivre et se développer sans une appropriation perpétuelle, c'est-à-dire qu'il lui faut par le travail arriver à satisfaire ses besoins. Or, le travail nécessite des efforts, de la peine, et l'homme répugne à la peine, à la douleur. Combien pourraient s'appliquer le mot de Rousseau : « Je suis paresseux avec délices. » La tendance universelle est de rechercher le bien-être, et partant de mettre à la charge d'autrui le fardeau de la peine, en se réservant le lot des satisfactions ; de s'approprier le fruit du travail d'autrui, autant que cela est possible, soit par la force, soit par la ruse. L'esprit de conquête, les migrations des peuples, l'universalité de l'esclavage, les monopoles, les fraudes industrielles et commerciales, que de preuves, hélas! trop nombreuses, à l'appui de cette assertion. On s'explique ainsi comment, surtout aux temps de civilisation primitive, la Loi a pu devenir un instrument d'injustice et de spoliation. L'humanité d'abord a été asservie violemment et brutalement par la force; plus tard, à mesure que les peuples ont grandi en force, la spoliation a dû changer de nature et de forme; alors elle s'est faite rusée, elle s'est enveloppée d'apparences hypocrites et trompeuses, elle s'est cantonnée dans les monopoles et les restrictions. Voilà l'histoire de cette première cause de perversion de la Loi. Reste la seconde, la fausse philanthropie. Faire la Loi charitable, fraternitaire, philanthropique, quelle séduction pour les âmes généreuses et tendres, pour les cœurs sensibles! C'est le côté attrayant et spécieux du socialisme. Que la Loi répande sur les citoyens l'instruction, le bien-être, la moralité, tel est son idéal. Plût à Dieu qu'il se pût réaliser; mais, hélas! ce n'est là qu'un mirage éblouissant et trompeur. Mettre la fraternité dans la Loi, faire de la charité par décret législatif, quelle contradiction! Est-ce que la nature propre et l'essence de la charité et de la fraternité ne résident pas dans la spontanéité, dans l'élan du cœur? La fraternité est volontaire ou elle n'est pas; la décréter, c'est l'anéantir; le dévouement forcé n'est pas du dévouement; la fraternité décrétée, c'est une injustice légale, une violation légale de la liberté et de la propriété. Et qui donc a le mérite de cette prétendue fraternité? Les citoyens, ils obéissent à leur corps défendant; le législateur, il n'a eu pour cela qu'à déposer une boule dans l'urne du scrutin. Où s'arrêter, d'ailleurs, dans cette voie. La Justice, c'est une

quantité fixe, immuable ; le respect des droits, c'est une
formule simple, claire, aux limites nettement tracées. Mais
la charité, c'est l'inconnu, c'est un champ sans limites; elle
peut revêtir mille formes diverses : au nom de la fraternité, celui-ci réclamera l'uniformité des salaires; celui-là, la
gratuité du crédit ; cet autre, la réduction des heures de
travail; un quatrième, que l'État fournisse du travail et de
l'instruction aux prolétaires, et ainsi de suite jusqu'au com-
munisme intégral, l'idéal de ce système. Babœuf en a été
l'apôtre, et ses disciples ne sont pas tous disparus. Comment
cette étrange idée de demander à la Loi autre chose et
plus qu'elle ne saurait donner, ce qu'elle est impuissante à
fournir par elle-même, notamment la richesse et la science,
a-t-elle pu pénétrer dans les esprits ? Pour le comprendre,
il suffit d'observer que tous les publicistes, sauf de rares
exceptions, en ont fait le fondement de leurs doctrines.
A les entendre, l'humanité se divise en deux parts : d'un
côté, l'universalité des hommes ; de l'autre, le législateur.
L'universalité des hommes, matière inerte et passive,
dépourvue de discernement et d'initiative, attendant qu'un
grand génie, un législateur, vienne organiser et pétrir,
comme le potier fait l'argile, ces matériaux épars qui sont
les hommes, pour les constituer en société, leur donner
l'impulsion, le mouvement et la vie : telle est la condition
de l'humanité, au dire de ces publicistes, notamment ceux
de l'école socialiste. Et cela est si vrai, ils considèrent si
bien la pauvre humanité, le vil troupeau des humains
comme une matière à expériences, à combinaisons, que,
lorsqu'ils n'ont pas une certitude absolue dans l'excellence
de leur système, ils demandent à l'expérimenter sur une
petite parcelle. C'est ainsi qu'on a vu un des écrivains les
plus considérables du socialisme, V. Considérant, demander
à l'Assemblée constituante des hommes et de l'argent pour

faire l'essai d'un phalanstère en Algérie, à peu près comme
nos viticulteurs de Saintonge, en présence des ravages du
phylloxera, sacrifient un coin de champ pour faire l'essai
de plants de vigne américains qui résisteraient, dit-on, au
terrible fléau.

Il suffit d'ouvrir au hasard un livre de philosophie ou
d'histoire pour trouver cette théorie dominante dans les
esprits de tous nos grands écrivains. Prenons pour point
de départ les œuvres de nos publicistes du siècle de
Louis XIV. Et d'abord Bossuet. Dans son célèbre *Discours
sur l'Histoire universelle,* il dit, en parlant des Perses : « Un
des premiers soins du prince était de faire fleurir l'agri-
culture. » Chez les Égyptiens, il admire la législation
d'après laquelle « la Loi assignait à chacun son emploi,
qui se perpétuait de père en fils ; on ne pouvait ni en avoir
deux, ni changer de profession ». Ce que les Égyptiens
avaient appris de meilleur aux Grecs était à se rendre
dociles et à *se laisser former par des lois* pour le bien
public. Quant à Fénelon, qu'est-il besoin de le citer ; qui de
vous ne se rappelle la description de son utopique Salente,
au xᵉ livre de *Télémaque,* où le peuple, hommes et biens,
est mis à la discrétion absolue du législateur. Arrivons
au xviiiᵉ siècle ; ouvrons l'*Esprit des Lois*, de Montesquieu ;
parlant du commerce, il dit : « Pour maintenir l'esprit de
commerce, il faut que les lois, *divisant* les fortunes à mesure
que le commerce les grossit, mettent chaque citoyen pauvre
dans une assez grande aisance pour travailler comme les
autres, et chaque citoyen riche dans une telle médiocrité
qu'il ait besoin de travailler pour conserver ou pour
acquérir... » Et plus loin, parlant de la République de
Platon, qu'il compare au système d'établissement de la
Société des Jésuites au Paraguay, il ajoute : « Ceux qui
voudront faire des institutions pareilles établiront la com-

munauté des biens de Platon, la séparation d'avec les
étrangers et la cité faisant le commerce et non pas les
citoyens... » Ces extraits suffiront pour donner une idée
des théories de Montesquieu sur l'étendue des pouvoirs du
législateur. Passons à J.-J. Rousseau. Dans son livre du
Contrat social, il dit : « S'il est vrai qu'un grand prince
soit un homme rare, que sera-ce d'un grand législateur :
le premier n'a qu'à suivre le modèle que l'autre doit pro-
poser ; celui-ci est le mécanicien qui invente la machine,
celui-là n'est que l'ouvrier qui la monte et la fait marcher. »
Quant à l'humanité, elle est la matière inerte et brute qui
compose la machine dont le législateur est le mécanicien
et l'inventeur.

Je m'arrête, Messieurs, je ne veux pas multiplier ces
citations ; je pourrais vous montrer les autres publicistes
du xviiie siècle : Mably, Raynal, Condillac, imbus des
mêmes idées ; de même les conventionnels les plus célè-
bres, Robespierre et Saint-Just, étaient des disciples de
J.-J. Rousseau. Consultez le procès-verbal des séances de
la Convention, vous y trouverez fidèlement reproduites
les doctrines professées par le maître dans le *Contrat
social ;* ajoutez au xixe siècle les apôtres du socialisme
moderne qui procèdent également de Rousseau : Saint-
Simon, Fourrier, Babœuf, Proudhon, Louis Blanc. Et
comment expliquer cette concordance de doctrines de
la part de tant de publicistes ? Rien de plus aisé si l'on
songe que cette idée de la nécessité d'un législateur
pour donner l'organisation et la vie à cette matière
passive et inerte qui est l'humanité est accréditée par
le conventionnalisme classique. L'étude de l'Antiquité
nous offre partout, notamment chez les Grecs et les
Romains, le spectacle de quelques hommes s'emparant du
pouvoir absolu à l'aide de la force ou de l'imposture, et